DE LA
PROCÉDURE DU DIVORCE

ANALYSE DE LA LOI
des 17–27 Juillet 1884 sur le Divorce

CONTENANT,

SOUS CHAQUE ARTICLE ANALYSÉ DE CETTE LOI, DES EXTRAITS

DE DOCUMENTS DE JURISPRUDENCE INÉDITS,

OU PUBLIÉS DANS LES PRINCIPAUX JOURNAUX JUDICIAIRES

DEPUIS LE MOIS D'AOUT 1884

Réunion de plusieurs articles publiés dans LE DROIT
des 1, 3, 5, 8, 10 et 11 juillet 1885

PAR

P. FLANDIN
Substitut au Tribunal de la Seine

Prix : UN franc

PARIS
IMPRIMERIE J. KUGELMANN, 12, RUE GRANGE-BATELIÈRE

MARCHAL, BILLARD & Cⁱᵉ, ÉDITEURS

LIBRAIRES DE LA COUR DE CASSATION ET DE L'ORDRE DES AVOCATS

À LA MÊME COUR ET AU CONSEIL D'ÉTAT

Place Dauphine, 27

1885

DE LA

PROCÉDURE DU DIVORCE

La procédure de la loi nouvelle sur le divorce a soulevé, dès qu'elle est entrée dans l'application, il y a un peu moins d'un an, bien des critiques ; et plus encore peut-être dans le monde judiciaire appelé à l'appliquer, que de la part du principal intéressé, le public, qui s'étonne de ses lenteurs, mais qui les subit, sans les comprendre.

La loi du 27 juillet 1884 a redonné la vie à 54 articles, ou environ, du Code civil de 1803, articles qui avaient été abrogés par la loi de 1816 et qui avaient peu vécu. Or, s'il suffit de quelque attention pour pénétrer le mécanisme de la Séparation de corps (art. 306 à 311 du C. civil ; 875 à 881 du C. de pr. civile), il n'en est pas de même de la législation sur le divorce ; et analyser cette longue suite de formalités, compliquées de détails, n'est pas chose toujours facile.

Je me propose de le faire dans cette étude ; de reprendre, en suivant leur ordre numérique, chacun des articles du Code remis en vigueur ; de les grouper sous des divisions correspondant à chacune des phases de l'instance en divorce, et de réunir sous chacun d'eux, les principales décisions rendues par les Tribunaux depuis dix mois, et publiées dans les trois principaux journaux judiciaires, le *Droit*, la *Gazette des Tribunaux* et la *Loi*.

Le cadre, nécessairement limité, de ces recherches

no m'a pas permis d'aborder l'examen d'aucune contro-
verse théorique ; ce travail a été fait, avec beaucoup de
science et de sens pratique, par plusieurs commenta-
teurs, parmi lesquels je citerai : MM. *Coulon, Faivre* et
Jacob, Manuel formulaire du divorce, 1885, 3ᵉ édit.; *Goi-*
rand, Vraye et *Godde, Adrien Carpentier.,.* que le lec-
teur saura retrouver. Je me suis uniquement appliqué
à reprendre la jurisprudence contemporaine, de manière à constituer une suite à celle qui a déjà été re-
cueillie, pour les Tribunaux français, de 1803 à
1816.

Au cours de ce classement je ne me suis pas attaché
à rechercher les modifications qui pourraient être uti-
lement apportées à cette procédure du divorce, pour la
rendre plus courte, plus pratique, et cela sans lui en-
lever aucune des garanties qu'exigent l'importance du
débat et l'entière manifestation de la vérité. Cette révision du Code de 1803 sera discutée prochainement (1).

Lorsque, l'an dernier, le divorce a été rétabli en
France, après de longues et retentissantes discussions,
on était surtout pressé de le voir aboutir. Les Chambres
avaient hâte de le voter, et, pour ne pas s'attarder à
des questions de détails, elles ont repris, telle quelle,
la législation de 1803, après y avoir opéré les retranche-
ments et les retouches indispensables.

Qu'est-il advenu ? Il est arrivé que, dès le mois d'août
1884, les demandes en divorce ont afflué en quantité
considérable ; que, peu à peu, les demandes en séparation de corps ont disparu et qu'on leur a substitué les
instances en divorce. A Paris, spécialement, la séparation de corps semble ne plus exister ; il reste bien encore quelques plaideurs hésitants, mais ils deviendront
de plus en plus rares, grâce à la préoccupation des in-
térêts matériels, et grâce aussi à ce sentiment trop hu-
main que le divorce fournit souvent à l'un des époux le
moyen d'irriter davantage un conjoint détesté.

(1) Le Sénat, en effet, est saisi d'un projet de loi sur
cette matière, élaboré par la commission de révision du
Code de procédure et déposé par M. le garde des sceaux
dans la séance du 11 juin 1885. (V. le *Droit* du 20 juin 1885
et le *Journal officiel* du 12 juin 1885.)

S'il en est ainsi, si le divorce doit être le remède de la grande majorité des unions mal assorties, leur procédure habituelle, il est bien certain que l'instance, avec toutes ses formalités, telles qu'elles résultent de la législation de 1803, est une procédure surannée, encombrante pour les Tribunaux, extrêmement coûteuse et qu'elle devra être modifiée. Elle est déjà condamnée, puisqu'on a pu dire d'elle , sans exagération, qu'un défendeur, décidé à n'épargner ni son temps ni ses peines ni même ses revenus, peut faire durer un procès en divorce plus de dix ans, grâce au nombre des incidents, des appels et des pourvois dont il dispose. Les promoteurs et propagateurs du rétablissement du divorce eux-mêmes l'ont reconnu.

Les Chambres vont donc être appelées à réviser la procédure du Divorce ; mais, comme la discussion peut se prolonger et comme cette révision peut être ajournée à une date indéterminée, j'ai pensé que la publication de mes recherches pouvait ne pas être inutile aux plaideurs impatients d'être jugés.

§

LOI DES 17-27 JUILLET 1884 SUR LE DIVORCE

Article 1. — Cet article abroge la loi du 8 mai 1816 qui avait aboli le divorce... La loi nouvelle rétablit la majeure partie des dispositions du Code civil de 1803.

Des causes du Divorce

Les causes du divorce sont :

Art. 229 et 230. — L'adultère de la femme ; l'adultère du mari.

Article. 231. — Les excès, les sévices, les injures graves.

INJURE GRAVE. — L'abandon, même prolongé, du domicile conjugal, par la femme, est-il, dans tous les cas, une injure grave ? — Non.

Jugé... « que, d'après le Code civil et la loi du 27 juillet 1884, à la différence de la loi du 20 septembre 1792 sur le divorce, l'abandon du mari par la femme ne constitue pas, par lui-même, quelle qu'en soit la durée, une cause péremptoire de divorce ; que l'abandon ne prend ce caractère que si, par les circonstances dont il est entouré, par les causes qui le déterminent, et par l'intention méprisante qui l'accompagne, il constitue véritablement une injure grave... que la suppression des dispositions que contenait à cet égard la législation antérieure indique clairement l'intention de la législation nouvelle, qui a voulu ainsi prévenir le divorce pour incomptabilité d'humeur ou par consentement mutuel. Trib. de la Seine, 4ᵉ ch., 7 mai 1885, *Droit* du 7 juin 1885.

Dans une autre espèce, le Tribunal de la Seine a appliqué le même principe. Un sieur X... demandait le divorce et se fondait uniquement sur l'abandon du domicile conjugal par la femme. Voici les motifs du jugement : « Le Tribunal, attendu que X... base sa demande de divorce sur une prétendue incompatibilité d'humeur, qui aurait amené depuis longtemps la cessation de la vie commune, et en outre sur ce que la dame X... n'aurait pas réintégré le domicile conjugal, malgré une sommation faite suivant exploit de Régnier, huissier à Paris, du 29 décembre 1884 ; mais, attendu que la cessation de la vie commune, même lorsqu'elle est le résultat d'une volonté certaine et manifeste, ne peut constituer une cause de divorce, que si les faits qui accompagnent ce refus de cohabitation, ou les motifs qui dictent cette détermination, sont de nature à lui donner le caractère d'une injure grave ; que dans la circonstance de la cause, rien ne permet de considérer la conduite et l'attitude de la dame X... comme pouvant constituer une injure grave à l'égard du demandeur ; par ces motifs, dit qu'il n'y a lieu d'admettre le divorce demandé par X... Trib. de la Seine, 4ᵉ ch., 4 juin 1885. *Droit* du 7 juin 1885.

Le refus, par le mari, de remplir le devoir conjugal, constitue-t-il une injure grave ? — Oui. Jugé... « Que l'abstention par le mari du devoir conjugal constitue une injure grave de nature à faire prononcer le divorce, à moins que le mari ne fasse la preuve d'empêchements qui justifient sa conduite et écartent toute idée de mépris et d'outrage. » (Trib. de Tours, 1ʳᵉ ch., 3 fév.

1885). Le jugement contient l'attendu suivant relatif à la preuve produite spontanément pour la femme. «... Attendu que la dame R... produit trois certificats enregistrés à Tours, les 2 octobre 1884 et 16 janvier 1885, et émanés de trois médecins qui constatent que, après avoir vu la dame R..., ils affirment qu'un rapprochement sexuel complet n'a jamais eu lieu ; que ces attestations des docteurs reçoivent une complète confirmation par l'aveu de R...; que lors de la comparution de celui-ci et de son épouse devant le Tribunal, R... a reconnu que sa femme pouvait avoir conservé sa virginité, et qu'elle s'était refusée à accomplir le devoir conjugal parce qu'elle redoutait d'avoir des enfants... » (Voir la *Loi* du 17 juin 1885 et la note.)

Art. 232. — Une condamnation à une peine afflictive et infamante.

Jugé... « Que le divorce ne peut être demandé contre l'époux condamné par contumace à une peine afflictive et infamante, avant l'expiration du délai de vingt ans après lequel la condamnation n'est plus susceptible de réformation par les voies légales ordinaires (art. 232 et 261 du Code civil, 476 et 635 du Code d'instruction criminelle.) Trib. de Rouen, 2 février 1885. *Gaz. des Trib.* du 18 mars 1885.

Art. 233. — Divorce par consentement mutuel; abrogé.

DE LA PROCÉDURE DU DIVORCE EN PREMIÈRE INSTANCE

Art. 234. Tribunal compétent ; règle ordinaire.

Jugé ... « Qu'après la séparation de corps prononcée, la femme ayant un domicile distinct de celui du mari, le Tribunal compétent, pour statuer sur le divorce, est celui de l'arrondissement dans lequel la femme défenderesse a fixé son domicile. (Trib. de la Seine, 4ᵉ ch., M. c. M., 26 mars 1885. — *Droit* du 7 juin 1885. — Trib. de la Seine, 4ᵉ ch., 9 avril 1885. *Gaz. des Trib.* du 3 juin 1885.

ÉTRANGERS. — Jugé... « Que le Français qui, après avoir obtenu une séparation de corps, s'est fait naturaliser à l'étranger, est recevable, quel que soit son statut personnel actuel, à profiter de la loi française relative au divorce. (Trib. de la Seine, 7 janv. 1885. La *Loi* du 15 janvier 1885.)

... « Que lorsqu'il y a doute sur la nationalité des parties, et certitude qu'elles ne possèdent pas la qualité de Français, ou bien qu'elles n'ont pas été autorisées par notre gouvernement à avoir leur domicile en France, nos Tribunaux doivent se déclarer incompétents sur les demandes en divorce. » Trib. civ. de Dijon, 26 janv. 1885. *Gaz. des Trib.* du 2 mai 1885.

... « Que si, en règle générale, les Tribunaux sont incompétents pour statuer sur les questions d'état entre étrangers, ils sont néanmoins compétents même entre étrangers, pour statuer sur les questions qui intéressent l'ordre public par application de l'art. 3 du Code civil; qu'ils peuvent, en conséquence, prescrire des mesures provisoires pour ce qui intéresse les besoins et la sûreté de la femme qui a dû quitter le domicile conjugal; qu'ils peuvent statuer sur la résidence de la femme défenderesse, sur la pension alimentaire et sur la provision réclamée par celle-ci. » Cour de Dijon, 26 janvier 1885. *Gaz. des Trib.* du 2 mai 1885.

Art. 235. Application de la règle : le criminel tient le civil en état.

I

Premier acte de la procédure. — Remise de la requête au président du Tribunal

Art. 236. — La requête en divorce doit contenir le détail des faits.

Jugé... « Que la première requête, présentée en matière de séparation de corps, commence effectivement l'instance; que, par suite, lorsqu'une telle requête a été présentée et répondue antérieurement à la promulgation de la loi sur le divorce, l'instance en séparation de corps est pendante, et peut, dès lors, être convertie en demande en divorce. » Trib. de la Seine, 5e ch., F. c. F., 13 janvier 1885. *Gaz. des Trib.* du 1er février 1885.

...« Que l'article 236 du Code civil, en prescrivant que la demande en divorce détaille les faits, n'exige pas que le demandeur précise, d'une manière formelle, les moindres circonstances des actes dont il se plaint; qu'il suffit qu'il fasse connaître, en substance, les causes sur lesquelles il fonde son action, afin, surtout, que le défendeur puisse répondre ultérieurement aux griefs qui lui sont reprochés. » Trib. d'Aix R. c. S. 15 janv. 1885. *La Loi* du 14 février 1885.

...« Que les juges ont un pouvoir souverain d'appréciation pour décider si la requête en divorce satisfait suffisamment aux prescriptions de l'art. 236 du C. civ. qui exige que les faits soient détaillés ; que les pièces annexées à la requête et visées par le président forment un tout indivisible avec la requête, et peuvent, par suite, en compléter les énonciations. » Trib. civ. de Cambrai, 20 et 25 février 1885. *Gaz. des Trib.* du 19 mars 1885.

Faits nouveaux. V. *infrà*, sous l'article 246. Jugé ...« Qu'aucune disposition légale n'interdit à l'époux demandeur en divorce la faculté d'articuler des faits nouveaux, postérieurement à la remise de sa requête entre les mains du président: que ce droit lui appartient, tout au moins jusqu'au moment où les témoins doivent être définitivement nommés... Qu'il n'y a pas lieu de distinguer entre les faits qui ont pris naissance postérieurement à la demande, et les faits antérieurs à cette demande, ces faits nouveaux fussent-ils même de nature à constituer une cause nouvelle de divorce. » Trib. de Cambrai, 28 février 1885, *La Loi* du 15 mars 1885.

Fins de non recevoir. V. *infrà*, sous l'article 246.

...S'il y a des pièces à l'appui, les joindre.

...La requête doit être remise au président ou au juge qui le remplace.

...La requête doit être remise par l'époux demandeur en personne.

...Si l'époux demandeur est malade, il doit produire un certificat de médecin, et présenter requête pour que le juge se transporte à son domicile.

...La requête doit être signée par la partie et par l'avoué.

...Le demandeur parait seul devant le président.

Art. 237, 238. — Le juge entend le demandeur;
Il lui fait des observations;

Il paraphe la demande;
Il paraphe les pièces à l'appui;
Il dresse procès-verbal de la remise du tout entre ses mains;
Il signe le procès-verbal;
Il fait signer le procès-verbal par la partie;
Il désigne le jour et l'heure pour la comparution des parties en personne;
Il adresse copie de son ordonnance à la partie défenderesse;
Il commet un huissier.

II

Second acte de la procédure. — Le président essaie de concilier les parties.

Art. 239. — Les parties comparaissent devant le juge, sans l'assistance de l'avoué ;
Le juge fait aux parties des représentations en vue d'un rapprochement ;
Il dresse procès-verbal de la non conciliation ;
Il ordonne la communication de la demande et des pièces au ministère public ;
Il ordonne le référé du tout au Tribunal.

Dans les cas d'extrême urgence, le juge pourrait, après la rédaction du procès-verbal de non conciliation, déterminer le lieu où la femme se retirera jusqu'à ce que le Tribunal ait lui-même statué sur ce point. *Sic formul. Coulon*, 3ᵉ édit., p. 258, sous l'article 268. — V. article 878 du Code de procéd. civ.

III

Troisième acte de la procédure, — Référé de l'affaire en chambre du conseil; à Paris, première chambre du Tribunal.

Art. 240. — En dehors des parties, référé de l'affaire en chambre du conseil, par le magistrat conciliateur; le